Remerciements

L'auteure adresse un très grand merci à Denis, Loulou et Gégé pour leur accueil chaleureux « à bord ». Pour leurs relectures, merci aussi à M. Duciel, Pascal Monnier, responsable prévention collecte, Francis Périer et Pascal Gautier de Montrouge, à Lorine Dauvergne et Christophe Maria du Syctom, à Virginie Dupuis et Jean-François Robert d'Ecofolio, à Aymeric Schultze d'Alliance carton nature, à Françoise Gandon de la Fédération française du verre, à Emmanuelle Badouix et François Chirol de Coca-Cola Entreprise et aux équipes APPE de Sainte-Marie-la-Blanche, aux collaborateurs des sociétés O-I, Ipaq et Calbantine, spécialement à Benoît Vandaele (O-I), Julie Guény (O-I), Nicolas Bonin (IPaq) et Anne-Claire Boisson de Chazournes (Calbantine), et à Serge Terroni de Maestro Consulting.

Crédits photos

Toutes les photos sont d'Anne-Sophie BAUMANN sauf : couverture haut et p. 5 : fotolia © danilobiancalana ; couverture bas : fotolia © kanvag ; pp. 8, 12 et 13 : © Syctom ; p. 11 : fotolia © philippe Devanne ; p. 13 bas droit : fotolia © sylbohec ; p. 14 haut gauche : © ECOFOLIO ; p. 14 haut droit et p. 15 haut droit et bas : © Sylvain Hitau ; p. 18 droit : fotolia © Alterfalter ; p. 23 : © O-I ; p. 24 haut gauche : istock © ZeroMinusOne ; haut droit : istock © ictor ; bas : istock © hroe ; p. 25 haut : fotolia © CCat82 ; centre gauche : istock © ScottNodine ; droite : fotolia © JSB ; bas : istock © azmaners.

Conception graphique : Maryse Guittet

Mise en page : Audrey Maillot-Simon

Coordination éditoriale : Céline Potard

Conforme à la loi n° 49956 du 16 juillet 1949
sur les publications destinées à la jeunesse
Dépôt légal : septembre 2013
ISBN : 978-2-84801-787-7
ISSN : 0753-3454
Fabriqué en Slovénie

Éditions Tourbillon, 10 rue Rémy-Dumoncel 75014 Paris - France

Où vont les déchets de ma poubelle ?

Anne-Sophie Baumann
Illustrations Patrick Morize

Qui ramasse les poubelles de ma ville ?

Tourbillon

Les éboueurs et le camion-poubelles

Qui ramasse les déchets de la ville ? Les éboueurs !

1 Et voilà Loulou et Gégé, deux agents de collecte des déchets. On les appelle aussi des « rippers ». Ils font équipe tous les trois pour nettoyer les rues !

Voici Denis, le conducteur de camion-poubelle.

Je suis M. Poubelle ! La boîte spéciale pour mettre les déchets, c'est mon idée ! En 1884, c'est une voiture à cheval qui venait la récupérer !

2 Denis, Gégé et Loulou se lèvent à 4 h 30 du matin pour être au garage des camions-poubelles, le dépôt, vers 5 h 15. À 5 h 30, c'est parti pour la première tournée !

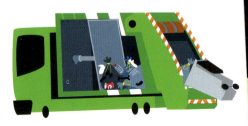

3 le marche-pied

Il fait encore nuit. Gégé et Loulou vident leurs premières poubelles. Elles sont bien remplies !

Les rippers montent sur le marchepied pour parcourir une longue distance jusqu'aux prochaines poubelles. C'est le « haut-le-pied ».

Le jour se lève. On voit mieux les déchets ! Épluchures, couches sales, barquettes de viande... Les poubelles sont si lourdes que Gégé a parfois du mal à les pousser !

Dans ma poubelle, il y a...
Une poubelle ordinaire contient beaucoup de déchets de cuisine : épluchures, déchets organiques*, mais aussi des papiers, des cartons, des objets en verre et en plastique, des boîtes de conserve...

Info +

- bandes jaunes et fluorescentes pour être visible de loin
- gants en cuir pour ne pas se blesser
- chaussures renforcées en cas de choc

Chaque français produit 1 kg de déchets par jour ! Il y a 50 ans, c'était presque moitié moins !

Quand la poubelle pleine est placée poignée côté rue, le ripper peut l'attraper plus facilement !

Et voilà. Il ne reste plus qu'à remettre la poubelle à sa place. Loulou est déjà parti devant pour en collecter une autre !

En fin de matinée, après mes tournées, je nettoie à fond mon camion.

Gégé accroche le bac sur la benne. Il appuie sur un bouton : la poubelle monte, bascule en déversant son contenu dans la benne. Puis elle redescend, vidée.

Où va le camion-poubelle quand la benne est pleine ?

Les éboueurs continuent leur travail jusqu'à ce que la benne soit pleine. Qu'il pleuve, qu'il vente ou qu'il neige !

* Les déchets organiques sont les restes des repas.

À l'usine où l'on brûle les déchets

Le camion de Denis est plein : il contient 15 tonnes de déchets, soit le poids de trois éléphants ! Denis les déverse dans une usine spéciale. Ils vont être incinérés* !

On n'est pas des déchets, nous !

1 Le camion-poubelle arrive au centre d'incinération. L'arrière de la benne se soulève : tous les déchets tombent dans une grande fosse…

2 Une énorme griffe, appelée « grappin », attrape les déchets puis les lâche vers une autre fosse… Ils glissent vers un grand four. Ils s'enflamment et brûlent à 900 °C !

3 Une partie de la chaleur dégagée sert à chauffer de l'eau, qui part dans les tuyaux des radiateurs de la ville.

4 Une autre partie de la chaleur est utilisée pour fabriquer de la vapeur et faire tourner des moteurs pour produire de l'électricité.

fosse d'incinération

grappin

* Incinérer des déchets, c'est les brûler dans une « **usine d'incinération** ».

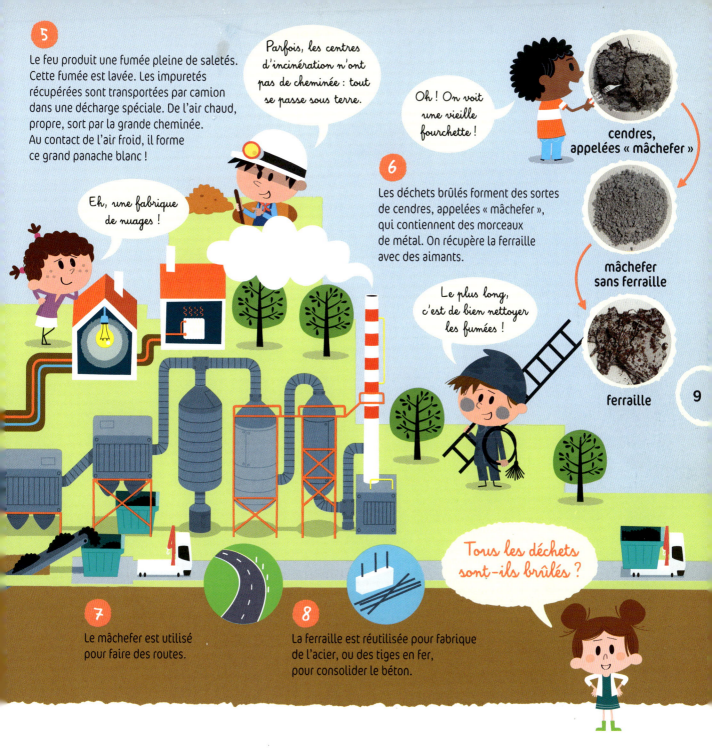

La collecte des emballages et papiers

Certains déchets peuvent être recyclés*. Ici, il faut les mettre de côté dans une poubelle à couvercle jaune. Justement, revoici Denis, Gégé et Loulou...

Les poubelles d'emballages débordent ! Papier, plastique, métal... Denis vient aider ses collègues. Gégé écarte les déchets qui ne peuvent être réutilisés. Il trie le tri !

La couleur de la poubelle de tri dépend de l'endroit où l'on vit. Ici, elle est jaune. Chez moi elle est verte !

Hé, hé, cela me semble bien trié !

Les poubelles de tri sont bien remplies... Pas besoin de sacs plastiques : ils ne sont pas recyclables !

- papiers
- boîte de conserve en métal
- bouteilles en plastique
- cartons

C'est correct !

Tu peux aussi jeter tes papiers à part, dans un bac prévu pour ça, près de chez toi.

Info +

À quoi sert cette clé ?

À ouvrir les poubelles des emballages et des papiers triés !

* **Recycler des déchets**, c'est les utiliser de nouveau pour leur donner une nouvelle vie.

Dans la poubelle jaune, on met...

Info +

Un pour tous et tous pour un !
Nous produisons de plus en plus de déchets, et les produits que nous consommons sont souvent empaquetés dans plusieurs emballages : papier, carton, plastique... En les triant et en les jetant dans la poubelle de tri, on leur donne plusieurs vies. Bravo !

Nous utilisons 60 kg de papier par an en moyenne ! Cela vaut la peine de les recycler !

1. Des papiers et des cartons
Enveloppes, publicités, cahiers, journaux, livres, briques de lait...

La moitié de nos déchets recyclables sont jetés dans la poubelle normale !

Cette boîte à œufs est en carton ? Elle se recycle !

3. Des emballages en métal
(aluminium et acier)

2. Des emballages en plastique
Bouteilles de lait, d'eau, d'huile, de lessive...

Que deviennent les emballages et les papiers que je trie ?

Attention, le polystyrène et les pots de yaourt vont dans la poubelle normale !

Les bouchons en plastique peuvent être collectés et vendus pour aider les handicapés.

Chaque famille jette 10 emballages par jour en moyenne !

Le tri des emballages et papiers

Au centre de tri, Denis vide sa benne pleine d'emballages et de papiers. De tapis roulant en tapis roulant, chaque emballage fait son chemin pour rejoindre sa famille : plastique, papier ou métal. Suivez le guide !

1 La benne se soulève pour déverser les emballages.

3 Des agents observent les emballages qui passent sur le tapis roulant. Ils jettent les déchets qui ne sont pas bien triés. Ils seront brûlés.

Youpi, on va avoir une deuxième vie !

2 Un engin vient prendre les emballages pour les déposer sur un tapis roulant.

En Île-de-France, 120 000 tonnes d'emballages sont récupérés par an, dont 40% de papier !

4 Les emballages en vrac entrent dans un grand tambour percé de trous. Les tout petits passent par les trous. Les grands, plats et creux, restent dans le cylindre.

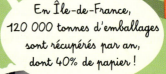

5 Les papiers plats, journaux, magazines et revues sortent d'un côté.

Les boîtes de conserve en fer et en acier sont attirées par des aimants. Les canettes en aluminium sont mises de côté. Elles sont compressées pour en faire de gros paquets, des « balles ».

Qui pollue paye
Depuis 2002, en France, la loi oblige les entreprises qui fabriquent des produits emballés à donner de l'argent à une entreprise qui aide au recyclage des emballages.

Info +

6
Les emballages creux : bouteilles, canettes… sortent de l'autre côté.

9
Les cartons sont mis de côté. Puis ils sont compressés en grosses balles.

8
Les briques de lait et de jus de fruits, en papier, sont écrasées en grosses balles.

Que deviennent les vieux papiers triés ?

7
Les bouteilles en plastique transparentes et les bouteilles blanches sont séparées par un souffle d'air. Puis elles sont compressées pour former de grosses balles.

À l'usine de recyclage du papier

Les balles de vieux papiers arrivent à l'usine... Comment vont-elles être transformées en de nouveaux papiers ?

La transformation des vieux papiers

Pour faire de nouveaux papiers avec de vieux papiers, il faut récupérer la fibre de bois qu'ils contiennent encore. En recyclant le papier, on lui offre plusieurs vies !

1 Les paquets de papiers triés sont livrés à l'usine par péniche ou par camion.

2 pulpeur

Les papiers sont versés dans une grande cuve, appelée « pulpeur », et mélangés avec beaucoup d'eau.

Il faut séparer les fibres de papier, bonnes à recycler, de l'encre, des agrafes, des spirales, de la colle qu'il faut éliminer !

3

À chaque usine de papier recyclé sa spécialité !

4

La pâte tourne très vite. Les déchets qui tombent au fond sont jetés.

Une passoire retient les plastiques, spirales et autres gros déchets.

On fait mousser la pâte : l'encre s'accroche aux bulles d'air et part ainsi avec la mousse.

La pâte à papier bien propre est parfois rendue très blanche, avec des produits chimiques.

Recycler les papiers, c'est bon pour la planète !

Pour fabriquer du papier recyclé, on dépense trois fois moins d'eau et d'énergie que pour fabriquer du papier neuf. Cela produit aussi moins de CO_2. Et le papier peut se recycler au moins cinq fois !

Info +

5. La pâte à papier est versée sur un tapis roulant. Elle est pressée contre des rouleaux et séchée. Elle forme une longue feuille.

6. La longue feuille de papier est enroulée autour d'un gros cylindre pour former une bobine géante.

Pas de carton marron pour faire du papier journal ou du papier blanc !

7. À l'imprimerie, le papier de la bobine est de nouveau imprimé, puis coupé pour en faire des journaux, des magazines, des prospectus de publicité, des cahiers, des enveloppes...

Et les emballages en plastique, que deviennent-ils ?

Les autres vies des papiers recyclés

Les cartons marron triés donnent de nouveaux cartons, des rouleaux de papier toilette, appelés « mandrins »...

Les cartons mélangés aux papiers blancs donnent des cartons marron ou plus clairs, comme les boîtes à œufs, les paquets de céréales, le papier toilette...

Les papiers blancs donnent des cahiers, des mouchoirs, de l'essuie-tout, du papier toilette...

Les briques de jus d'orange ou de lait deviennent de l'essuie-tout et du papier toilette souvent coloré.

Tous les papiers recyclés sont bons pour faire des cartons !

La transformation du plastique

Incroyable ! Un gros paquet de bouteilles écrasées peut se transformer en petits bouts de plastique, prêts à être réutilisés pour fabriquer n'importe quel objet en plastique... Voici comment !

Le plastique trié est parfois livré par péniche !

1 Arrivé à l'usine de recyclage, le routier décharge les balles de bouteilles en plastique venues de l'usine de tri.

2 Les blocs de plastique sont stockés par milliers !

3 Un chargeur vient les récupérer pour les utiliser à l'usine.

4 Le personnel du tri s'assure que tous les autres emballages ont bien été enlevés et qu'il ne reste que des bouteilles.

Info +

D'où vient le plastique ?
Le plastique est fait à partir du pétrole, qui met des milliers d'années à se former sous la terre. En reclyclant des objets en plastique, on économise du pétrole !

À chaque bouteille, son chemin

Toutes les bouteilles en plastique ne se ressemblent pas !
Bouteilles transparentes * (bouteilles d'eau ou de soda) ou bouteilles blanches ** (bouteilles de lait, bidons de lessive...). Chacune a son chemin de recyclage.

Info +

Bouts d'étiquettes et impuretés

paillettes propres

5 Les bouteilles triées sont broyées par une machine en tout petits morceaux, lavés à grande eau : les paillettes.

7 Les paillettes de plastique sont fondues pour former de longs spaghettis mous et chauds. Coupés en petits bouts et rapidement refroidis, ils sont transformés en granulés de plastique recyclé.

6 Les bouchons sont broyés et déchiquetés en petits morceaux. On en fera d'autres objets.

8 Voici les granulés de plastique recyclé prêts à être utilisés !

Comment fait-on les bouteilles en plastique recyclé ?

* On les appelle des « **PET** » : polyéthylène téréphtalate.   ** On les appelle des « **PEHD** » : polyéthylène haute densité.

Les objets en plastique recyclé

Faites chauffer les granulés ! La pâte liquide obtenue, coulée dans un moule, peut prendre toutes les formes... comme celle d'une bouteille !

La fabrication des bouteilles en plastique recyclé

1 La pâte de plastique chaude, mélange de granulés recyclés et non recyclés, passe dans une machine. Poussée contre des pics de métal, elle forme...

... de drôles de petits tubes* en plastique. Par milliers ! **2**

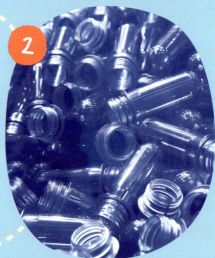

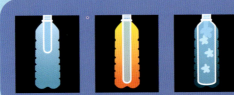

3 Les tubes sont transportés dans une autre usine. Chaque tube est réchauffé, étiré et plaqué contre les parois d'un moule par un jet d'air très fort. Voici une nouvelle bouteille !

Oh, on voit le goulot de la future bouteille !

* Ces petits tubes sont appelés des « **préformes** ».

Les autres objets en plastique recyclé

1 Les granulés des bouteilles en **plastique transparent**, mélangés à des granulés de plastique neuf, donnent aussi…

de nouvelles bouteilles

des bouteilles de soda

des bouteilles de sauce, d'huile, de vinaigre

des fibres pour le rembourrage des couettes

des fibres pour l'isolation des maisons

des pièces pour les petites voitures en plastique

des peluches, des vêtements en polaire

des déguisements (bonnet et barbe de père Noël)

2 Les granulés des bouteilles en **plastique non transparent**, mélangés à des granulés de plastique neuf, donnent …

Et le métal trié, comment fait-on pour le recycler ?

des bouteilles de lait principalement

mais aussi des flacons de lessive, de produits ménagers

ou encore des tubes de dentifrice, de colle

des tuyaux

À l'usine de recyclage du métal

Vrai ou faux ? Le vélo avec lequel tu roules est en partie fabriqué à partir de boîtes de conserve et de canettes de soda. C'est vrai ! Regarde…

Le recyclage de l'acier

1 Les balles d'acier récupérées au centre de tri sont déposées à l'usine de transformation du métal.

2 Les boîtes de conserve sont mélangées à d'autres aciers recyclés, comme la ferraille de chantier.

3 La ferraille est broyée…

4 … puis fondue à très haute température dans un four électrique.

5 Une longue barre en acier est formée : un « brame ».

6 Une très longue plaque fine, la « tôle », est étirée entre des cylindres et est enroulée en bobine*.

7 Dans une autre usine, la tôle est découpée à la forme de boîtes de conserve en acier.

On peut découper les plaques d'acier en pièces de voiture, machine à laver, trombones ou encore cadres de vélo !

Outch ! Le four est à 1 600 °C !

* Cet étirement s'appelle le « **laminage** ».

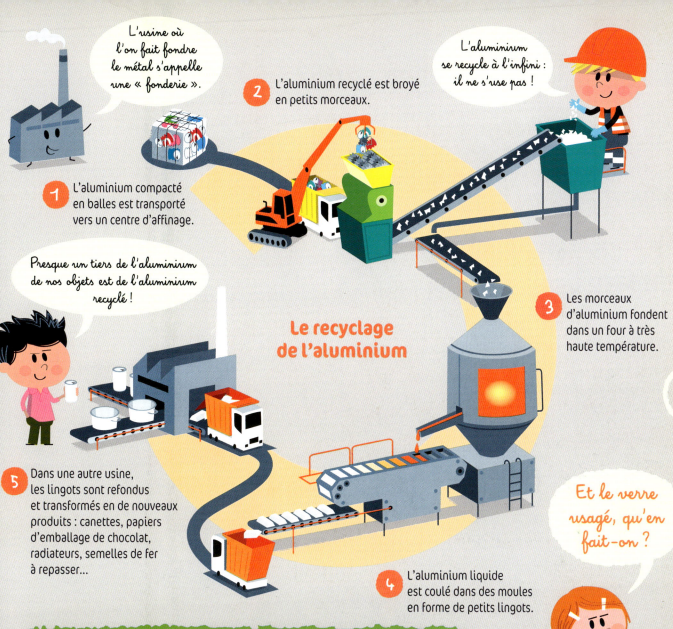

Du verre recyclé aux bouteilles

Le verre des bouteilles, pots, bocaux se recycle à l'infini !

La collecte du verre

1 Gégé verse le verre trié dans la benne. Quel bruit ! Gégé et Loulou doivent porter des bouchons d'oreilles.

2 Denis arrive au dépôt de recyclage du verre. Il fait peser son camion et déverse son chargement.

À l'usine de production des bouteilles

5 À l'usine de fabrication des bouteilles, le calcin est acheminé sur un tapis roulant sur lequel il est mélangé à du sable et à du calcaire.

6 Le calcin tombe dans la gueule d'un four chauffé à 1 500 °C ! Il fond...

7 La pâte de verre liquide s'écoule dans des canaux chauffés. Elle est coupée en grosses gouttes*.

En faisant fondre du verre recyclé on dépense moins d'énergie qu'avec des matériaux neufs. On fait donc des économies !

* Ces grosses gouttes sont appelées « **paraisons** ».

Le verre : un des premiers matériaux recyclés !

Pendant longtemps, on a récupéré les bouteilles en verre vides pour les remplir de nouveau. C'était la « consigne ». Depuis 1973, le verre est trié pour être cassé, fondu et remoulé pour former d'autres bouteilles.

Au centre de traitement du verre collecté

Calcin

③ Le verre est acheminé vers la salle de tri par un tapis roulant. Les couvercles et les étiquettes sont enlevés.

④ Le verre est cassé en petits morceaux. Il est prêt à être réutilisé ! Ce verre s'appelle du « calcin ».

Verre très chaud rouge comme la braise.

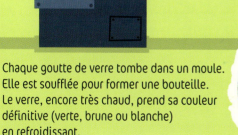

⑧ Chaque goutte de verre tombe dans un moule. Elle est soufflée pour former une bouteille. Le verre, encore très chaud, prend sa couleur définitive (verte, brune ou blanche) en refroidissant.

Les nouvelles bouteilles sont vertes. C'est la couleur qui domine quand les bouts de verre multicolores sont mélangés.

Et que fait-on de tous les autres déchets ?

À la déchetterie

Certains déchets encombrants ou dangereux ne peuvent pas être emportés dans la benne de Loulou, Gégé et Denis. Ils sont déposés à la déchetterie.

Les ampoules et les néons contiennent du verre et des métaux toxiques : le mercure et le plomb. Certains se recyclent, d'autres sont brûlés.

Moi, j'en fais des œuvres d'art !

Les pièces des voitures sont récupérées : rétroviseurs, pneus... Les carcasses nettoyées sont écrasées et fondues pour récupérer les métaux.

Moi, je récupère les fils de cuivre et le fer des vieux ordinateurs !

Il est réparé !

Certains appareils peuvent être réparés. Les autres sont broyés et les métaux sont récupérés. Le reste est jeté.

Info +

Cargo abandonné

L'épave, polluée et dangereuse, de gros bateaux est parfois traînée jusqu'à la côte de pays lointains comme l'Inde : des ouvriers très pauvres découpent l'acier de la carlingue pour le revendre.

Les piles sont pleines de métaux rares et toxiques, qui peuvent être récupérés : mercure, plomb, fer, zinc, nickel...

Le recyclage : une idée ancienne

Les objets sont longs à réaliser et contiennent des matériaux souvent difficiles à fabriquer. Depuis la préhistoire, les hommes les réutilisent, pour faire « du neuf avec du vieux ».

Info +

Les gravas sont triés, cassés en petits morceaux puis mélangés avec du ciment et de l'eau pour refaire du béton.

Les sapins après Noël, les branchages, l'herbe coupée des jardins (appelés « déchets verts »), sont récupérés puis broyés pour en faire de l'engrais : du compost.

Ouf, sauvée !

Ne jetez plus : donnez ou faites réparer, ça fera des heureux !

Les vieux vêtements sont réutilisés pour faire des tapis, des moquettes, des chiffons ou pour protéger les murs du froid dans les maisons.

Que devient un déchet s'il est jeté dans la nature ?

La longue vie des déchets

Certains déchets peuvent rester des milliers d'années intacts dans la nature. Sur terre ou dans la mer, surtout ne jette rien n'importe où !

Sur terre

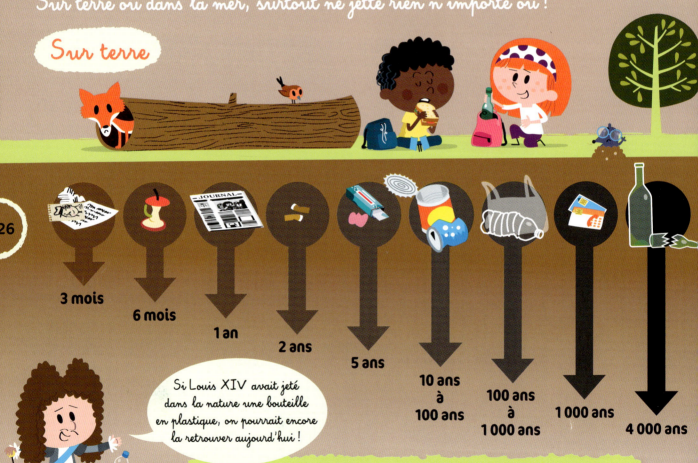

- 3 mois
- 6 mois
- 1 an
- 2 ans
- 5 ans
- 10 ans à 100 ans
- 100 ans à 1 000 ans
- 1 000 ans
- 4 000 ans

« Si Louis XIV avait jeté dans la nature une bouteille en plastique, on pourrait encore la retrouver aujourd'hui ! »

Des déchets en forêt !
Certaines personnes prennent les forêts pour des déchetteries ! Les déchets sont très dangereux : ils empoisonnent la terre et les plantes et peuvent blesser les animaux et les promeneurs.

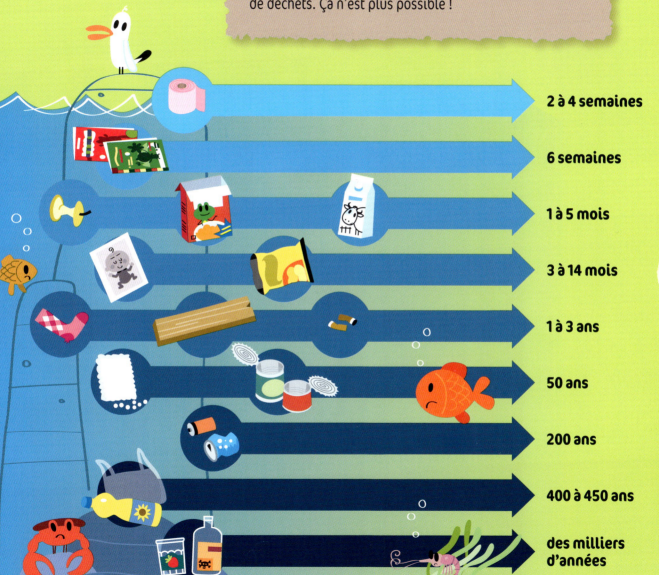

Je recycle des objets

Une mangeoire à oiseaux

Matériel
- une brique de lait ou de jus de fruit vide
- une paire de ciseaux
- un tournevis
- un feutre indélébile
- un bout de bois
- une ficelle de 40 cm environ
- de la peinture
- des graines pour les oiseaux

1. Trace les traits de découpe sur ta brique en papier avec le feutre indélébile.

2. Coupe la brique en suivant les traits avec les ciseaux.

3. Avec le tournevis, perce deux trous pour y glisser le bout de bois, et un autre sur le dessus de la boîte. Noue un bout de la ficelle, et passe l'autre dans ce trou.

4. Peins et décore ta boîte avec tes plus belles couleurs !

5. Attache-la à une branche, remplis-la de graines et... attends l'arrivée des oiseaux !

Un drôle de chapeau

Matériel
- une agrafeuse et des agrafes
- un fond de cagette alvéolé en plastique pour les pêches, les kiwis... récupéré à la fin du marché
- des papiers de soie qui entourent les fruits de saison (melons, oranges, mandarines...)
- des filets d'emballage d'oranges ou de citrons

1. Agrafe ensemble deux fonds de cagette alvéolés bord à bord

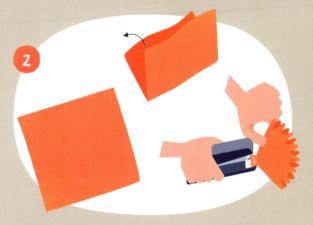

2. Plie en deux le papier de soie et pince-le à la base en le serrant pour former une petite fleur, comme sur le dessin. Fabriques-en plusieurs !

3. Agrafe les petites fleurs sur ton chapeau.

4. Découpe un rectangle dans le filet d'orange ou de citron : quelle belle voilette ! Agrafe-la sur le devant de ton chapeau recyclé.